MÉMOIRE

POUR

M. CHABALIER

Ingénieur civil des Mines,

CONTRE

LA SOCIÉTÉ CIVILE

des Mines de Prades et Nieigles.

PRIVAS

IMPRIMERIE ET LITHOGRAPHIE DE ROURE FILS

1868

MÉMOIRE

POUR

M. CHABALIER

Ingénieur civil des Mines,

CONTRE

LA SOCIÉTÉ CIVILE

des Mines de Prades et Nicigles.

Le premier devoir d'un honnête homme n'est-il pas de sauvegarder de toute souillure le nom qu'il porte et de le transmettre sans tache à ses enfants?

Cette considération publique à laquelle a droit l'homme le plus humble, s'il est probe, ne m'a pas fait défaut jusqu'à ce jour, qu'on me permette de le croire; c'est un bien que je place au-dessus de tous les autres, et pour la défense duquel aucun sacrifice ne me coûtera.

Depuis quatre ans, une compagnie m'avait confié la direction de ses intérêts, et je viens d'être frappé par quelques-uns de ses membres d'une façon si grève, si brutale et si publique qu'il ne m'est plus permis de garder le silence, et qu'en attendant la décision de mes juges naturels, qu'on me promet d'éloigner indéfiniment, ce serait une faute de ne pas en appeler à l'opinion publique dont la conscience et la sanction s'appuient sur la vérité et non pas seulement sur les arguties du droit.

J'ai qualifié de grièves et de brutales les décisions émanées de la compagnie des mines de Prades; j'ai dit qu'elles n'avaient pas craint d'affronter la publicité : qu'on en juge.

Le 13 octobre 1863, je suis nommé ingénieur-gérant de la compagnie qui se formait, avec la stipulation d'une indemnité de trente mille francs en cas de renvoi.

Je puis affirmer qu'avant le 24 novembre 1867 aucun conflit ne s'était élevé entre la compagnie et son ingénieur-gérant. Tout au plus quelques plaintes sur l'absence de divi-dendes se manifestaient-elles en dehors de toute pensée de reproches. C'est ce que prouvent surabondamment toutes les délibérations et toute la correspondance.

La dernière délibération de l'assemblée générale, qui a précédé les événements récents, date du 16 décembre 1866. Elle fut provoquée par M. de Beaufort dans un but qu'il poursuivait depuis trois ans. Voici le texte de cette délibération :

Sixième délibération de l'assemblée générale.

16 décembre 1866.

Etaient présents : Couet, Rédarès, de Beaufort, Chrétien, Chabalier, Boujanquez, Dejoux, V.-C. Durand, P. Durand, Ch. Durand, présentant ou représentant onze cent cinquante-cinq actions.

Les membres présents susnommés ont préalablement procédé à la nomination du président et du secrétaire de l'assemblée générale. M. Couet a été, à la majorité, élu président ; M. Ch. Durand a été, à la majorité, élu secrétaire. Il a été pris ensuite les déterminations suivantes :

Art. 1er. A l'avenir, l'ingénieur-gérant donnera au conseil d'administration un résumé des opérations pour chaque exploitation séparée et en total. Ce résumé sera approuvé sur les livres spéciaux de la société par l'ingénieur-gérant, et sera paraphé par le conseil d'administration avant la réunion de l'assemblée générale, en faisant remonter, si possible, ce résumé à l'époque de l'acquisition des mines par la société.

Art. 2. L'ingénieur-gérant est engagé à extraire la plus grande quantité possible de charbon, tant aux mines de Jaujac qu'à celles de Chèvre-Figuière, du Valladas et autres pouvant donner lieu à une exploitation utile.

Art. 3. Sur la proposition principale de MM. Bac et de Beaufort, proposition qui a motivé la présente réunion, et aussi sur la demande de quelques-uns des membres présents de procéder à un examen approfondi et immédiat de la situation et des pertes prétendues depuis l'acquisition, l'assemblée générale, à l'unanimité, a décidé :

D'ajourner au mois de mai 1867 la décision définitive, pour donner le temps à M. l'ingénieur-gérant de faire fonctionner utilement, pendant l'hiver, la machine à briquettes et obtenir tout le rendement que l'exploitation peut donner.

L'assemblée générale nomme MM. Couet, Chrétien, de Beaufort, pour se réunir en commission à l'effet de dresser contradictoirement avec M. Chabalier un état détaillé de la situation exacte de la société à ce jour, d'en faire un rapport qui sera consigné à la suite de la présente délibération pour servir de base à la décision à intervenir au mois de mai prochain.

L'assemblée générale a ensuite clos la présente délibération, à la Chastannière, le seize décembre mil huit cent soixante-six.

Rédarès, Boujanquez, V. Durand, Chrétien, Dejoux, De Beaufort, Couet, Durand, P., Durand, H.

Elle fut suivie de la décision de la commission qui venait d'être nommée et de la délibération du conseil d'administration qui portait une solution décisive aux insinuations de M. de Beaufort *et blâmait ses manœuvres.*

Voici encore le texte de ces deux pièces si importantes dans le débat :

Rapport de la commission.

La commission nommée par délibération de l'assemblée générale du 16 décembre 1866, s'étant réunie pour établir la situation réelle de la société, après avoir examiné les livres et les matières faisant partie de l'inventaire, a reconnu que l'avoir de la société, au 31 mars 1864, était de quatre-vingt-seize mille francs, et qu'en 1866, au 30 septembre, cet avoir, porté sur les livres à la somme de quatre-vingt-dix-huit mille cent trente-trois francs quarante-six centimes, doit être d'abord, par suite d'une erreur de cubage, réduit à la somme de quatre-vingt-quinze mille cent cinquante-huit francs quarante-six centimes; et, de plus, à cause de la détérioration d'environ cinq cents tonnes de très-vieux charbon, une réduction nouvelle de deux mille quatre cent soixante-quinze francs quarante-six centimes doit encore être ajoutée à la précédente, ce qui porte la valeur réelle du fonds social, non compris la concession, à la somme de quatre-vingt-douze mille six cent quatre-vingt-trois francs, au 30 septembre 1866.

La Chastannière, le dix-sept décembre mil huit cent soixante-six.

COUET, CHRÉTIEN, DE BEAUFORT, CHABALIER (signés).

Cinquième délibération du conseil d'administration.

18 décembre 1866.

Sur la convocation de l'ingénieur-gérant, le conseil d'administration s'est réuni au siége de la société pour délibérer sur des faits signalés par MM. de Beaufort et Bac, qui ont profité du droit que leur donne le règlement pour provoquer une réunion des actionnaires de la société.

Après informations prises, soit *près des ouvriers*, soit près d'autres personnes, le conseil déclare que ces faits *sont futiles et qu'il est regrettable que ces actionnaires aient employé, dans un but inexplicable, des moyens qui ne peuvent que jeter le trouble dans la population ouvrière et nuire à la considération de l'entreprise.*

Le conseil d'administration autorise l'ingénieur à faire cadeau de quelques briquettes, afin de hâter l'appréciation de ce combustible et en augmenter la vente.

Il trouve de même que, conformément à la proposition de l'ingénieur, ce dernier fera bien de fournir gratuitement le charbon nécessaire à la fabrication de la chaux qui serait employée au chaulage des terres.

La décision sur la proposition d'approfondissement du puits central est ajournée, ainsi que celle d'*un nouveau puits à la Chastannière.*

Sur la demande de l'ingénieur-gérant, le conseil autorise l'achat de deux ou trois chevaux et des charrettes nécessaires pour les occuper, ainsi que la construction d'une écurie pour les loger.

Etaient présents à cette réunion : MM. Couet, président; Ch. Durand, secrétaire; Dejoux; Chrétien; Chabalier.

Après la délibération ont signé les membres présents :

COUET, CHRÉTIEN, CHABALIER, DEJOUX, DURAND.

A partir de cette époque où le fonds social était reconnu s'élever à la somme de 92,683 fr., non compris la valeur de la concession estimée par adjudication du 10 septembre 1863 à une somme supérieure à 330,000 fr., ni les actionnaires ni le conseil d'administration ne se sont réunis jusqu'au 13 octobre 1867, personne n'a ouvert un livre, personne n'a pu vérifier la gestion de l'ingénieur.

Le 13 octobre 1867, le conseil d'administration se réunit, assisté de MM. Ernest et Amédée Rédarès. La plus parfaite entente parait régner entre l'ingénieur et les membres de la compagnie.

Je lus au conseil un rapport que je suis obligé de citer presque en entier, parce qu'on veut aujourd'hui lui faire jouer un rôle important et qu'il est nécessaire que je le soumette à la conscience de tous :

Depuis longtemps et lors de votre dernière réunion, je vous ai proposé comme travail extraordinaire l'approfondissement du puits central et l'entreprise de fonçage d'un puits à la Chastannière (gisement des charbons demi-gras) ; ce dernier travail me paraît des plus importants pour l'avenir de notre concession ; je ne saurais trop le recommander à votre attention............
.... Il est incontestable que là se trouve pour la concession un point important à explorer, qui doit donner à notre affaire une valeur notable. Un puits de 50 à 60 mètres peut mettre à jour l'importance de ce bassin. Je n'hésite pas à conseiller à la compagnie d'en entreprendre le fonçage.

Il y a pour l'avenir de ce puits quelques chances mauvaises, mais qui seraient bien compensées par les avantages que retirerait la concession d'un heureux succès. Une compagnie me paraît devoir et pouvoir tenter cet aléa.

Dans tous les cas, Messieurs, il est plusieurs moyens d'arriver au résultat que je souhaite pour notre concession, et j'ai dû rechercher et vous faciliter, même à mon détriment, l'emploi de ces moyens.

J'ai cherché et poussé des capitalistes à vous apporter l'aide de leurs ressources financières, et voici les deux propositions qu'ils m'ont chargé de vous faire, avec leurs énonciations principales, les détails devant être réglés facilement.

La première proposition consisterait à foncer dans le gisement de la Chastannière un puits d 3 mètres de diamètre muraillé en briques, avec l'obligation d'en creuser dix mètres par an. Pour indemnité, la compagnie consentirait à leur laisser extraire à l'exclusion de tous autres, pour le vendre ou le consommer, le charbon du gisement de la Chastannière.

Par la seconde proposition, la compagnie amodierait toute sa concession et donnerait droit d'en extraire en tous points tout le charbon qu'on pourrait vendre ou consommer, et cela moyennant une redevance de dix mille francs par an et l'obligation de creuser dans le gisement de la Chastannière le puits dont il a été parlé plus haut.

Le traité serait fait pour une durée de dix ans, mais résiliable à la livraison du chemin de fer à Vogüé. Ces capitalistes ont des raisons majeures pour ne pas mettre leur nom en avant dans cette entreprise, et je n'ai pu les engager à y entrer qu'en leur proposant de masquer moi-même leur opération.

Voilà pourquoi, Messieurs, si vous acceptez l'une de ces deux propositions, le traité sera passé entre vous et moi seul, et vous n'aurez pour garanties que celles que je puis vous offrir personnellement (I)..
Tout l'avenir de votre mine se trouve dans l'approche du chemin de fer et dans les débouchés qu'il nous ouvrira ; tous nos efforts et tous nos sacrifices doivent tendre à être prêts à vendre la concession ou à l'exploiter. L'entretien des travaux du puits central, le fonçage d'un puits à la Chastannière sont les premiers travaux à produire ; décidez vous-mêmes des moyens à employer.

Mais laissez-moi vous dire, en terminant, que j'aimerais à voir la compagnie seule faire les sacrifices commandés pour profiter des bénéfices peut-être importants qu'ils donneront.................................

Cette pensée d'amodiation m'avait été suggérée : 1° par la lassitude que manifestait

(I) Cette garantie était les 30,000 fr. qui m'étaient dus, plus 20 actions de la mine de Pradès.

depuis longtemps chaque actionnaire de ne pas toucher de dividende ; 2° par le refus qui m'avait été opposé plusieurs fois de fournir des fonds pour foncer un puits à la Chastannière (1) ; 3° par le désir que j'avais d'atteindre l'époque de l'exécution du chemin de fer ou l'occasion favorable d'une vente, sans imposer à mes actionnaires de nouveaux sacrifices, mais au contraire en mettant à jour une richesse qui devait doubler la valeur de la concession ; 4° enfin parce que mes actionnaires m'avaient prié de rechercher des capitaux étrangers et en recherchaient eux-mêmes pour foncer ce puits dont ils comprenaient toute l'importance (2).

Peut-on faire une proposition plus ouverte, plus ferme et plus loyale ? et aujourd'hui ne cherche-t-on pas à la retourner contre moi et à m'en faire un crime !

Au 13 octobre il n'en fut pas ainsi, et tous les actionnaires semblèrent l'accueillir, je dirai presque avec reconnaissance, et me supplièrent de la faire accepter définitivement par les capitalistes auxquels j'étais associé.

On me demanda un projet détaillé de traité, on me répondit le lendemain par un contre-projet que je possède écrit tout entier de la main de M. Rédarès, et nous nous séparâmes, à peu près d'accord, sur la recommandation de réunir une assemblée générale pour le 24 novembre, afin de lui faire approuver le traité d'amodiation, ce qui ne devait être qu'une simple formalité.

Cependant, le conseil d'administration se refusa obstinément à ouvrir un seul livre, à apurer les comptes et à prendre une délibération quelconque (3).

Le 24 novembre arriva et l'assemblée générale, représentée par MM. Ch. et P. Durand, négociants ; Bac, élève pharmacien ; de Beaufort, expert (4) ; Henriette, marchand boucher ; Chrétien, ex-régisseur des biens du duc de Fitz-James ; Couet, marchand de domaines, se réunit au siége social.

A peine entrés en séance et sans autre préambule, ces messieurs exhibèrent une délibération toute rédigée d'avance ; m'en firent la lecture et la couchèrent sur le registre.

La proposition d'amodiation était rejetée et l'on renvoyait au lendemain 25 pour prendre des mesures radicales concernant la société.

Aucune explication sur nos mines et sur ma gestion ne me fut demandée, aucun reproche ne me fut adressé, aucun livre ne fut ouvert : c'était un complot qui éclatait comme une bombe et frappait comme la foudre.

N'avait-on pas intérêt à écarter la lumière pour arriver sans encombre et sans remords au but convoité ?

Le lendemain 25, M. Ch. Durand précéda chez moi les autres actionnaires ; il vint m'annoncer que ces messieurs allaient arriver comme la veille avec un parti pris. Ils étaient munis d'une délibération rédigée d'avance qui portait ma révocation motivée sur l'insinuation et l'expression *de fautes graves* ; mes fonctions devaient cesser immédiatement.

Je répondis à M. Durand par une explosion d'indignation et de protestation. Il me dit qu'il ignorait lui-même les motifs de ces messieurs, mais qu'il m'engageait à aller proposer une transaction sur l'indemnité de 30,000 fr., et que lui-même appuierait ma demande.

Je repoussai ces propositions avec mépris et lui répliquai : « qu'on ne transigeait pas quand
« l'honneur était engagé ; que les tribunaux seuls auraient mission de me venger d'une
« délibération aussi diffamatoire, que, pour moi, il ne me restait plus qu'à mettre à l'abri de
« mes ennemis mes livres, seule garantie de mon honneur, et que j'allais à l'instant même les
« déposer chez M. Pastré, notaire à Jaujac. »

Le lendemain au soir, 26, M. Pastré vint chez moi ; il venait, me dit-il, de voir mes actionnaires dans son étude ; là s'était engagée une conversation générale dans laquelle pleuvaient contre moi des récriminations de toute sorte : ma gestion était entachée de faits fâcheux, compromettant ma moralité. J'avais des fours à chaux pour mon propre compte, à l'insu de la compagnie et sur lesquels je bénéficiais à son détriment. Quant aux 30,000 fr. promis, on me les solderait par un procès qui perdrait mon avenir. Sur les instances contradictoires de M. Pastré, un de ces messieurs lui dit qu'une transaction était encore possible :
— Allez, lui dit-il, engager M. Chabalier à venir nous trouver à Aubenas ; nous l'attendons jusqu'à huit heures du soir et nous ne formulerons pas de délibération.

Deux jours après, je recevais par ministère d'huissier la délibération enregistrée, qui a été signifiée par la même voie à cinq employés ou chefs-ouvriers de la mine, au milieu de leur chantier. Elle est donc assez publique ; la voici textuellement :

Huitième délibération de l'assemblée générale.

L'an 1867, le 25 novembre, en conformité de la délibération d'hier, 24, se sont réunis à la Chastannière, siége social, les mêmes actionnaires, agissant tant pour eux que pour leurs mandants pour reprendre la suite de la délibération de la veille.

Partie des actionnaires sont arrivés à l'heure fixée, c'est-à-dire à deux heures de l'après-midi ; les autres, retenus sur le carreau de la mine, ne sont venus qu'à trois heures dans la salle des délibérations. Avant d'y entrer ils ont rencontré l'ingénieur-gérant prenant une direction opposée ; ils l'ont engagé à venir avec eux ; mais un des membres avait été chargé par lui de dire aux actionnaires qu'il avait cru devoir, pour des raisons particulières, aller déposer les livres chez M. Pastré, notaire à Jaujac.

Cette manière d'agir a indigné les actionnaires réunis ; ils n'en ont pas moins pris séance tenante la délibération suivante, sauf à la faire signifier par huissier, avec sommation à l'ingénieur-gérant de l'exécuter en ce qui le concerne.

D'après la lettre de convocation du 4 novembre 1867, l'article 5 appelle l'attention de l'assemblée générale sur la nomination d'un conseil d'administration et d'un gérant s'il y a lieu. Attendu que le gérant n'a pas convoqué à jour fixe les membres du conseil d'administration, que par suite la réunion du mois de mai 1867 n'a pas eu lieu.

Attendu en outre que déjà le 16 décembre 1866, lors de l'assemblée générale, il avait été proposé de remplacer le gérant, que malgré les promesses de ce dernier de s'occuper plus activement des intérêts de la société il a continué sa mauvaise administration, et que, par suite, les résultats obtenus ont été de plus en plus désastreux ; qu'aujourd'hui en outre des motifs plus graves empêchent de lui continuer la gérance.

Les sociétaires présents ont délibéré sur la proposition du renvoi de l'ingénieur-gérant. Le vote ayant eu lieu conformément aux principes de l'article 31, l'assemblée générale, à la majorité de plus des deux tiers des voix, le révoque, et de plus se réserve d'exercer toutes actions en recours contre lui, le cas échéant.

Et après s'être assuré que les dettes de la société ne peuvent être payées ni par les revenus puisqu'il n'y en a pas, ni par un emprunt qui dans le cas actuel serait impossible à réaliser pour un long terme ; que, d'un autre côté, les pertes successives faites depuis quatre ans réduisent de plus des 4/5 l'avoir social primitif, puisque la concession ne produit rien, que chaque année la dette augmente, et que dans la réunion d'hier, l'ingénieur a dit même qu'il serait avantageux d'amodier même à 5,000 fr. par an, ce qui payerait à peine l'intérêt du découvert existant à ce jour, à l'unanimité des membres présents il est décidé que pour payer les dettes de la société il sera procédé dans le plus bref délai à la liquidation de la société des mines de Prades et Nieigles ; et, pour arriver à ce résultat, nomme pour liquidateurs MM. Ch. Durand, Chrétien et de Beaufort, disant de plus que les opérations pourront être faites par deux d'entre eux légalement.

L'assemblée générale les autorise à faire procéder dans le plus bref délai à la licitation, les étrangers admis.

Les décisions prises ci-dessus, il s'en suit qu'il n'y a pas lieu de nommer un nouveau gérant, ni un conseil d'administration.

Les liquidateurs devront régler tous les comptes de la société ; par suite ils recevront ceux de M. l'ingénieur-gérant et les vérifieront concurremment avec lui. Si l'ingénieur refusait de rendre ses comptes, les liquidateurs lui feront toutes les sommations nécessaires, tous pouvoirs leur sont donnés à cet effet par l'assemblée générale.

A partir du 1er décembre prochain, l'ingénieur-gérant n'aura plus droit à aucun traitement ; les liquidateurs sont chargés de prendre les mesures nécessaires pour les travaux d'exploitation, et ce à partir de la notification qui sera faite à l'ingénieur-gérant de la présente délibération jusqu'au jour de la licitation.

Les liquidateurs devront convoquer l'assemblée générale toutes les fois qu'ils le croiront utile, et toutes les fois qu'il leur en sera fait la demande conformément à ce qui est dit à l'article 31 des statuts de la société.

Ont signé : Th. Couet, L. Couet, A. Bac, Chrétien, Henriette, Ch. Durand, P. Durand, De Beaufort, et Couet (Lucien).

Tel est ce factum inqualifiable, sorti de la plume d'hommes qui passent pour honorables, et qui, à défaut des sentiments de vérité, n'a pas même su conserver l'empreinte de ceux des plus simples convenances sociales.

Et maintenant, si nous ajoutons à ces mesures inouïes les bruits les plus calomnieux répandus dans le public, les accusations produites dans l'étude de M. Pastré, l'inculpation d'avoir par calculs induit la compagnie en perte, pour obtenir l'amodiation proposée au 13 octobre, et d'avoir caché dans ce but des couches de charbon, ne sera-t-on pas réduit à tirer cette conclusion impérieuse : ou M. Chabalier est un malhonnête homme, ou les hommes qui le poursuivent n'ont pour mobile qu'un sentiment injuste ou mauvais.

A-t-on jamais vu, je le demande, une compagnie formuler tout à coup, sur ses registres, contre son représentant, des insinuations aussi graves, aussi perfides et aussi blessantes, sans désigner les motifs qui les provoquent, alors que cette compagnie possède un conseil d'administration qui a pu se rendre compte des moindres détails, et dans le sein duquel fonctionne un ingénieur (1) qui peut étudier et percevoir les fautes les plus légères de gestion et d'exploitation, alors que pendant quatre ans, les uns et les autres n'ont formulé dans leurs délibérations que des remerciments, des approbations et des éloges.

Et, maintenant, commenterai-je les mille bruits qui se sont greffés sur cette délibération? Qu'on se figure les angoisses, les colères sourdes qui grondent dans le cœur d'un honnête homme, lorsqu'il apprend qu'un homme des plus estimables est allé dire dans une maison amie : « On m'a raconté sur le compte de M. Chabalier des choses affreuses, que je ne crois pas, mais que je ne peux pas répéter. »

Ou bien qu'un magistrat en aborde un autre en lui disant: « Vous savez que M. Chabalier a été révoqué ; il paraît qu'il y a des choses très-graves. »

Dans la population ouvrière, les faits se précisent mieux : « Il paraît, dit-on, que M. Chabalier n'a donné que deux cents francs à Viannet et en a marqué quinze cents sur les livres. »

Comprend-on cette torture morale, mille fois plus cruelle que la question qu'on appliquait aux criminels et qui tend à vous arracher l'honneur par lambeau ?

Comprend-on ces anxiétés de la journée, ces insomnies de la nuit, en face de cette conjuration du silence qu'on ne peut faire rompre ?

Et ces mille bruits à la source desquels on ne peut remonter, ces calomnies dont on sent la marche et le développement, et qui vont vous étouffer comme une robe de Nessus ; que les ennemis propagent, que les indifférents acceptent, et qui font hésiter vos amis. Ces lenteurs, ces conspirations calculées à froid dans une officine de chicanes, qui attendent que le patient soit poussé à un acte de désespoir ou à un excès de lassitude et de défaillance qui assurent sa défaite.

Voilà le but que vous pouvez atteindre, vous qui n'avez pas eu et qui n'avez pas le courage de me dire en face : — Voilà la faute grave que vous avez commise, défendez-vous.

Car enfin ! il faut que nos juges, il faut que le public le sachent. Vous avez bien pu me révoquer ; mais vous avez été impuissants à motiver cette révocation sur autre chose que sur un fait puéril et, d'ailleurs, mensonger, et sur de vagues et insaisissables banalités.

Voici, en effet, *in extenso*, mon acte d'accusation :

(1) Le conseil d'administration se composait de MM. Fontaine, ingénieur de mines; Ch. Durand, comptable; Dejoux, vice-président du Tribunal de Privas; Chrétien, administrateur des biens du duc de Fitz-James, et Couet, propriétaire.

Attendu que le gérant n'a pas convoqué à jour fixe les membres du conseil d'administration et que, par suite, la réunion du mois de mai n'a pas eu lieu ;

Attendu, en outre, que déjà le 16 décembre 1866, lors de l'assemblée générale, il avait été proposé de remplacer le gérant, que malgré les promesses de ce dernier de s'occuper plus activement des intérêts de la société, il a continué sa mauvaise administration et que par suite les résultats obtenus ont été de plus en plus désastreux ; qu'aujourd'hui, en outre, des motifs plus graves empêchent de lui continuer la gérance.

Est-ce assez pitoyable ? Est-ce que l'équité la plus vulgaire, le sens moral le plus élémentaire ne vous commandaient pas de formuler en quoi mon administration avait été mauvaise, quels étaient surtout *ces motifs plus graves qui vous empêchaient de me continuer la gérance ?*

Ah ! vous les direz ces motifs, ou j'aurai le droit de vous dire : Vous êtes des calomniateurs.

Je vous jette ici, devant l'opinion publique, un défi solennel : vous parlerez, vous parlerez en face, vous me poursuivrez devant les tribunaux compétents, ou bien j'aurai le droit de vous crier :

« Vous êtes des hommes qui, cachés à l'ombre de la considération collective et factice
« de l'être moral dont vous faites partie, espérez faire prospérer vos intérêts en faisant
« litière de l'honneur de votre gérant. »

Et maintenant, si vous vous taisez encore, vous tomberez, je l'espère, sous le coup de la réprobation publique qui comprendra l'élan d'une conscience honnête.

Chaque assertion que je saisis dans votre délibération du 25 novembre est inexacte et je le prouve :

« *Attendu*, dites-vous, *que le gérant n'a pas convoqué à jour fixe les membres du conseil d'administration, que, par suite, la réunion du mois de mai 1867 n'a pas eu lieu.*

J'ai écrit à chacun de vous, administrateurs, et j'ai copie de mes lettres, adressées à M. Couet le 6 mai, à M. Fontaine le 12 mai, à M. Chrétien le 12 mai 1867, que si je ne fixais pas le jour de la réunion, c'était pour vous laisser la faculté de le fixer vous-même, d'après les exigences de vos affaires ou de votre bon plaisir, MM. Dejoux et Durand se trouvant toujours ici à votre disposition.

« *C'est ce qui a été cause*, dites-vous, *que la réunion de mai n'a pas eu lieu.* » Voici une lettre de l'un de vous qui se charge d'infliger à sa propre signature et aux vôtres un démenti écrasant.

« Monsieur Dejoux,
« La santé de Mme Chabalier, que vous me dites qui n'est pas très-bonne, m'engage à éloigner
« la réunion qui devait avoir lieu le 22.
« Je préviens par le même courrier MM. Chrétien et Fontaine que la réunion n'aura pas lieu,
« sauf à en fixer une ultérieurement.
« Recevez, etc   Signé COUET.   15 juin 1867. »

« *Attendu*, dit encore votre délibération, *que déjà le 16 décembre 1866 il avait été proposé de remplacer l'ingénieur-gérant.* »

Cette proposition fut en effet produite, mais par l'organe seul de **M.** de Beaufort qui avait juré de ne laisser passer aucune assemblée générale sans la renouveler, et dont l'hostilité systématique fut blâmée le lendemain par vous-même comme elle l'avait été précédemment par l'assemblée générale du mois de mai 1866.

Je continue :

« *Que malgré les promesses de ce dernier* (1) *de s'occuper plus activement des intérêts de la Société.* »

J'oppose à cette assertion le démenti le plus énergique. Jamais je n'ai eu à avancer de telles promesses, car j'écrivais à M. Chrétien le 29 septembre 1866 :

« Mon avis est qu'il faut guérir M. de Beaufort de ses propositions, ou céder à ses sollicita-
« tions, et nous séparer à l'amiable. »

Et le 1ᵉʳ octobre à M. Fontaine :

« Tous les actionnaires d'ici sont décidés à accepter les propositions de M. de Beaufort (2).
« Vous comprendrez en effet que la position n'est plus tenable pour moi, et qu'il me serait
« impossible de faire sérieusement et avec calme les affaires de la compagnie si je me voyais
« entouré de ses tracasseries continuelles. »

Le 2 octobre 1866, j'écris à **M.** Chrétien :

« Si je n'étais pas soutenu par tous, je serais tout disposé à accepter les propositions de M. de
« Beaufort. »

Et le 24 octobre, à **M.** Couet :

« Quant aux actionnaires de ce pays-ci, ils sont fatigués des manœuvres de M. de Beaufort et
« moi aussi. »

Enfin, dans ma lettre du 6 décembre 1866, à M. Chrétien, je trouve cette phrase :

« Je suis profondément découragé de cette façon d'agir et je vous déclare qu'en face de ce non-
« vouloir d'un côté (3) et de ces entraves de l'autre (4), il m'est impossible de marcher. »

« *Il a continué sa mauvaise administration,* » dites-vous encore.

J'en appelle de cette accusation à la délibération du 18 décembre dans laquelle vous m'accordez un bill d'indemnité vivement accentué contre les insinuations de M. de Beaufort.

Puis vous ajoutez plus loin :

« *Attendu que les pertes successives faites depuis quatre ans réduisent de plus de 4/5 l'avoir social primitif.* »

(1) L'ingénieur-gérant.
(2) Renvoi de l'ingénieur et payement de ses 30,000 fr.
(3) M. Couet
(4) M. de Beaufort

Et voilà où vous en êtes réduit pour pouvoir arriver à votre but, la licitation, c'est de faire mentir vos propres assertions !

Mais souvenez-vous donc de cette délibération prise le 17 décembre 1866 et signée Couet, Chrétien et de Beaufort, dans laquelle vous affirmez qu'au 30 septembre 1866 le fonds social s'élève à 92,000 fr., non compris la valeur de la concession ; or, le 10 septembre 1863, date de l'origine de la société, ce fonds social ne dépassait pas 80,000 fr. et l'adjudication venait d'indiquer 410,000 fr. pour la valeur réelle de nos mines.

C'est donc depuis un an seulement que s'est produite cette perte des 4/5 soit de 320,000 fr. au moins. Mais je commencerai par vous dire : Qu'en savez-vous ? vous qui ne vous êtes jamais réunis depuis cette époque, n'avez pas ouvert un livre, n'avez pas fait une ombre d'inventaire ; vous qui ne connaissez notre situation que par les états que je vous adresse chaque trimestre, états qui depuis le 31 mars accusent un fonds social de 120,687 fr. sans comprendre la concession, situation contre laquelle depuis neuf mois vous n'avez jamais protesté.

« *Attendu*, dites-vous encore, *que (depuis le 16 décembre 1866) les résultats obtenus ont été des plus désastreux.* »

Encore une assertion matériellement fausse et dont le plus simple coup d'œil jeté sur vos livres vous eût évité le démenti et le déboire.

La situation au 31 décembre 1866, époque de votre dernière réunion, vous accuse un actif de 180,943 fr. 76 cent., sans comprendre la valeur de la concession, et un passif de 82,110 fr. 30 cent.

Et au 30 septembre 1867, dernière situation à jour, lors de votre regrettable assemblée du 25 novembre, les livres accusent un actif de 201,285 fr. et un passif de 80,597 fr. 88 cent.

Vous pourrez peut-être me répondre que les évaluations de l'actif sont exagérées quoique ce soit vous-mêmes qui, pendant quatre ans consécutifs, les avez fixées telles ; mais vous ne pouvez pas nier que le passif qui consiste en dettes ne soit de la dernière exactitude, et qu'il n'ait été pendant ces neuf mois diminué au lieu d'avoir été augmenté, et cela malgré les conditions déplorables de concurrence et de procès, au milieu desquelles s'est écoulée cette année de 1867. Par quoi donc se traduisent ces résultats de plus en plus désastreux ?

Étrange spectacle que celui d'une société dont les membres s'attaquent à la vérité pour discréditer publiquement leur affaire et la ruiner, au moment même où vont disparaître les causes qui l'ont maintenue en souffrance : *c'est-à-dire une concurrence écrasante*, au moment où naissent des éléments certains de crédit et de prospérité dans la construction d'un chemin de fer.

En présence de pareilles décisions, quelle sera l'impression de l'opinion publique ? Ne craignez-vous par qu'elle ne découvre dans votre conduite la volonté brutale de révoquer et de diffamer l'ingénieur-gérant, et du même coup de pousser à une licitation dont on aura écarté tous les enchérisseurs, afin d'acheter à vil prix les actions du gérant et de son beau-père, et de lui payer, par cette spéculation, les 30,000 fr. qu'on sait bien ne pouvoir lui refuser ?

Vous avez espéré trouver créance à vos dires et les légitimer par l'absence de dividendes depuis quatre ans. Mais vous savez bien que la Compagnie qui vous a précédé n'avait pas touché le plus petit intérêt depuis sept ans, et avait en outre apporté cent mille francs d'appels de fonds ; nous voyons une foule d'entreprises de ce genre qui, sous l'empire de circonstances difficiles, en sont réduites à cet état pendant de nombreuses années ; mais aussi, lorsque ces conditions anormales disparaissent et que les bénéfices se produisent, ils sont largement compensateurs des privations ou des pertes passées.

C'est à vous qu'il appartiendrait de démontrer qu'avec un autre ingénieur-gérant les résultats obtenus eussent été meilleurs. Je pourrais citer une foule de lettres dans lesquelles vous m'exprimez l'opinion contraire ; je me contenterai de citer une phrase prise dans une lettre de M. l'ingénieur Fontaine ; elle est du 23 février 1867. Son opinion aura plus de valeur qu'aucune autre :

« Je ne veux pas, bien entendu, vous accuser ; je sais que vous vous trouvez, par le fait de cir-
« constances indépendantes de votre volonté, dans une situation difficile ; le manque de débouchés
« à vos produits vous cause un embarras bien grand, mais enfin il faut que bien ou mal nous
« sortions de là. »

Dois-je me défendre d'accusations qu'on a répandu à tort et à travers, mais qu'on n'a jamais sérieusement précisées ? Ne m'est-il pas permis de faire litière de ces clabaudages pitoyables, qui consistent à répéter que je ne m'occupais pas de mon affaire, que je ne descendais pas assez souvent dans la mine, que je ne cherchais pas à écouler nos produits, que j'étais trop fier pour boire avec le client (1), que j'allais souvent me promener ?

Qu'on me permette de le croire, il n'est personne qui puisse sérieusement penser que je n'ai pas fait l'impossible pour une société que j'avais créée, à laquelle j'avais attaché mon amour-propre, mes intérêts et mon avenir, puisque je possédais par moi ou mon beau-père 91 actions, et que mon traité m'accordait 10 0/0 dans les bénéfices et des avantages fixes évalués à 8,000 fr. par an. Une telle position ne valait-elle pas cent fois celle d'amodiataire d'une mine improductive depuis douze ans ?

Sans doute une mine, dont le roulement ne dépasse pas 4 à 5,000 tonnes par an, doit laisser de nombreux loisirs à l'ingénieur-gérant ; mais on me rendra cette justice que j'occupais ces loisirs à étudier les questions qui pouvaient toucher de près ou de loin au présent ou à l'avenir de notre affaire, que je n'ai jamais négligé une circonstance qui put me permettre d'apporter quelque élément à sa prospérité et à sa considération. — Habitant au centre de l'exploitation, dans un isolement complet, je n'avais pour unique distraction, pendant les longues heures du jour, que mes occupations, qui devenaient une sauvegarde indispensable contre l'ennui. Je n'ai pas pris en quatre ans huit jours de vacances, et la plupart

(1) Récriminations de M. de Beaufort dans l'étude de Me Pasiré.

des courses que j'étais obligé de faire avaient pour mobile les seuls intérêts de la Compagnie.

Mais je vais citer, pour faire juger les résultats de ma gestion, quelques chiffres comparatifs qui permettront de l'apprécier.

Tout le monde sait que le but spécial que doit se proposer un ingénieur-gérant dans une mine, c'est d'extraire le combustible à aussi bon marché que possible et d'en vendre la plus grande quantité.

Or, j'ai devant les yeux les prix de revient et le chiffre des ventes des mines de Prades depuis l'année 1848 et je trouve que pendant l'occupation de l'ancienne société jusqu'en 1863, l'année 1849 a fourni le prix de revient le plus faible, 12 fr. 40 cent. la tonne, et l'année 1855 la vente locale la plus élevée 4,992 tonnes avec un prix de revient de 16 fr. L'exploitation avait marché sous la direction des trois ingénieurs Danton, Gournier et Chabalier.

Si maintenant nous examinons la période des quatre années qui se sont écoulées depuis la formation de la nouvelle société, nous trouvons que les prix de revient ont été abaissés jusqu'à 10 fr. 52 cent. et que la vente s'est élevée à 5,022 tonnes dans le dernier exercice complet 1866-67.

Et cependant tout le monde sait dans quelle proportion depuis 20 ans s'est élevée la valeur des éléments constitutifs du prix de revient : main d'œuvre, fournitures, bois, frais généraux.

Et cependant encore la concession de Jaujac, créée à nos portes, luttait contre nous de tous ses efforts et nous arrachait une partie de la consommation. Les magnagneries rejetaient nos charbons devenus trop sulfureux, les mauvaises récoltes réduisaient la fabrication de la chaux et par suite l'écoulement de nos menus.

Ainsi, c'est après l'exercice qui a fourni les ventes les plus élevées et les prix de revient les plus bas, que jamais les propriétaires de la mine de Prades aient pu enregistrer depuis 1806, date du décret de concession, que la Compagnie actuelle déclare publiquement que les résultats du gérant sont de plus en plus désastreux et que le fonds social est affecté d'une perte des 4/5 de la valeur primitive.

On me demandera peut-être pourquoi 1849 et 1855 ont donné de très-beaux dividendes, tandis que les actionnaires de 1866-67 se plaignent de ne pas en avoir touché.

A cela je répondrai en lisant nos livres que :

1° En 1849 et 1855 les couches exploitées fournissaient 40 0/0 de gros qui se vend 28 fr. la tonne, et que 1866-67 n'a pas donné plus de 20 0/0.

2° En 1849 et 1855, la concurrence de Jaujac n'existant pas, les menus se vendant 15 et 17 fr. la tonne, le prix moyen de vente était de 21 à 22 fr., tandis qu'en 1866-67 le prix moyen de vente n'a été que de 13 fr.

3° Enfin qu'en 1866-67 l'exploitation a rendu réellement un bénéfice de 10,000 fr. environ employé à l'augmentation du fond social.

Ainsi les uniques causes, non pas des pertes puisqu'il y en a pas eu, mais de l'état de stagnation dans lequel nous nous sommes trouvés depuis quatre ans, se résument :

1° Dans la concurrence de Jaujac qui nous a forcé de vendre nos menus 5 fr. la tonne, quand leur prix normal est de 17 fr., et qu'ils nous revenaient à 10 fr. 52 cent.

2° Dans la friabilité des charbons qui, pour les couches où nous possédons des aménagements, ne nous donnent pas aujourd'hui plus de 15 0/0 de gros.

Mes adversaires voudraient-ils insinuer que je leur ai dissimulé les conséquences de ces conditions indépendantes de ma volonté et que je ne leur ai pas proposé tous les moyens pour les combattre ?

Voici des documents écrits.

Le surlendemain de l'adjudication, le 12 septembre 1863, M. Chrétien m'écrit :

« Nous avons fait la rencontre d'un monsieur qui est très-habile à faire des agglomérés. . . .

« Expédiez-moi 50 kilog. de charbon pour essayer.

« Ce monsieur est très-sérieux, il se chargerait probalement de l'affaire aggloméré à « Prades. . . . . . . »

On le voit, j'avais (1) déjà montré la plaie de l'exploitation — quantité de menu — et indiqué les remèdes — agglomération *par un entrepreneur*.

Je pourrais citer trente lettres ou rapports dans lesquels je trouverai des preuves surabondantes.

Quant aux tristes résultats que nous préparait la concurrence de Jaujac, voici dans quels termes je m'exprime dans un mémoire que j'envoie à Paris à M. Chrétien, il m'en accuse réception dans sa lettre du 25 décembre 1863 :

« La consommation locale de notre bassin ne réclame que 6,000 tonnes, dont 3,000 seulement « en menu. Or, ces nombreuses et puissantes couches fournissent malheureusement une propor- « tion énorme de menu, près des 8 ou 9 dixièmes, et la consommation n'en enlève que les 2/5.

« Mais, si une compagnie concurrente vient à se créer à nos portes, ne peut-on pas être assuré « que des pertes notables vont se produire et qu'il s'en suivra la *ruine d'un établissement exis-* « *tant depuis longues années*.

« Cet état de choses peut durer encore pendant *cinq à six ans*, c'est-à-dire assez longtemps « *pour démoraliser l'esprit et détruire l'activité* des nouveaux propriétaires de la mine « de Prades. Mieux vaudrait pour eux arrêter complètement l'exploitation de leur concession, « jusqu'à ce que la concession voisine eût épuisé ses ressources plutôt que de continuer une lutte « funeste. »

Etiez-vous avertis et étais-je bon prophète ?

Ai-je besoin de raconter tous les ressorts que j'ai fait jouer pour paralyser la concurrence de Jaujac ? Tout le monde, le concessionnaire de Jaujac et les chauffourniers surtout, savent trop combien de luttes et d'efforts j'ai dépensé. Propositions d'amodiation, d'acquisition de charbons, d'entente amiable, traités avec les chauffourniers, j'ai tout épuisé, et je prouverai ailleurs qu'ici que l'insuccès de mes démarches n'est dû qu'aux manœuvres clandestines de

(1) Même avant l'adjudication.

celui qui avait pour unique but et unique intérêt d'amener la catastrophe du 24 novembre dans notre compagnie.

Pour obvier à la proportion trop grande des menus, deux moyens se présentaient :

1° Trouver l'emploi des menus soit en les transportant sur Montélimart, soit en les agglomérant pour en faire des briquettes ;

2° Foncer un puits à la Chastannière, dont le gisement contenait une proportion plus considérable de gros et des menus d'une agglomération facile et excellente.

Nos menus, qui avaient été payés à Lafarge 18 fr. 50 c. en 1858, dont 9 fr. 25 c. étaient donnés aux transporteurs, ne pouvaient plus se vendre dans ces localités là que 15 fr. la tonne, et encore MM. de Lafarge et M. Couturier n'ont-ils plus voulu en consommer, parce que nous ne pouvions leur en expédier des quantités assez régulières et assez importantes ; et cependant, nous offrions 12 fr. aux transporteurs, il ne nous restait que 3 fr. par tonne de menu, dont le prix d'extraction s'élevait à 10 fr. 52 c. Restait une usine à aggloméré à construire ; mais là que de pierres d'achoppement pouvaient se rencontrer dans cette opération, que de prudence ne fallait-il pas apporter dans l'emploi des fonds d'une petite compagnie qui n'en possédait pas outre mesure !

Aussi de prime abord je me prononce énergiquement contre la dépense faite par la compagnie elle-même, et je demande qu'elle soit laissée à des capitaux étrangers, ceux d'un entrepreneur par exemple. La lettre de M. Chrétien du 12 décembre 1863, que j'ai déjà cité, le prouve. Je pourrais apporter vingt ou trente lettres dans ce sens là ; je me contenterai d'une seule qui est un type ; elle est adressée à M. Couet, président du conseil d'administration, et en réponse à une lettre de lui en date du 12 décembre, dont j'extrais le passage suivant :

« Nous nous sommes occupés à Paris d'agglomérés. L'ami Chrétien a dû vous écrire. Il y a à
« Nantes une fabrique qui fait beaucoup, nous irons la visiter s'il le faut ; nous connaîtrons le
« prix que coûterait la machine. Donnez-moi votre avis et vos appréciations sur les produits. »

Je lui réponds le 24 courant :

« Je suis de retour depuis hier d'un voyage que je viens de faire à Blanzy pour terminer cette
« question d'agglomérés à laquelle me poussaient MM. Chrétien et Fontaine par leurs lettres et
« qui, du reste, est d'une si grande importance pour nous.
« Plus que jamais cette visite m'a convaincu combien une semblable entreprise était chan-
« ceuse, aléatoire, et combien grande devait être l'expérience de celui qui monte une usine ; car
« rien n'est plus difficile, plus délicat, plus variable suivant la nature des charbons, leur degré
« d'humidité, leur contenance en cendres et schistes *(conditions qui, vous le savez, varient à
« chaque mètre dans nos couches)*, que l'opération de l'agglomération des charbons. Rien aussi
« n'est plus variable que la proportion de brai et de goudron et par conséquent que le prix de
« revient ; ainsi, pour ne vous citer que la mine de Blanzy où j'étais ingénieur : Il y a sept ans,
« on agglomérait à cette époque avec du goudron liquide ; on agglomère maintenant avec du
« brai sec. On a essayé la machine Vorus et on l'a abandonnée ; on a ensuite employé des
« presses hydrauliques et l'on est en train maintenant d'y apporter des modifications. Mais il

« semble que la Providence m'ait conduit à Blanzy juste au moment favorable. L'ingénieur ag-
« glomérateur venait de donner sa démission ; je lui ai fait part des conditions dans lesquelles
« nous nous trouvions et lui ai proposé de se faire entrepreneur chez nous puisqu'il avait des
« capitaux. Il m'a promis d'étudier sérieusement l'affaire................. »

Certes on ne dira pas que mes actionnaires n'étaient pas avertis.

Cependant nous ne trouvons pas d'entrepreneurs, et alors commence sur moi une pression de tous les jours pour me forcer à inventer et installer un mode et une machine d'agglomérés. Mes résistance ne peuvent vaincre cette pression, et je finis par céder pour mon-
trer ma bonne volonté et par me mettre à l'œuvre.

Si ce que j'avance était nié, je publierais une foule de lettres dans lesquelles M. Chrétien
se fait non-seulement le propulseur de cette idée et l'initiateur de cette entreprise, mais le
constructeur et l'ouvrier de l'usine.

On m'écrit :

« Comme j'ai travaillé moi-même à nos essais, je suis devenu un ouvrier très-capable de ga_
« gner 75 centimes par jour ; cependant, lorsque j'aurai vu la Grand'-Combe et Bességes, je crois
« que je pourrai établir très-bien une petite usine. » *(Lettre de Chrétien*, 23 *novembre* 1863).
« Ne perdez pas de vue, je vous en prie, la question des agglomérés, c'est là la grande affaire. »
(Fontaine 9 *décembre* 1863).
« Ce qui m'étonne, c'est que vous pensiez toujours que la science d'agglomérer soit une science
« difficile, et pour moi, je persiste à croire cela facile. » *(Chrétien*, 25 *décembre* 1863).

Je n'en finirais pas si je voulais citer toutes les lettres. M. Chrétien se fait l'ingénieur de
l'usine, il m'indique les appareils qu'il faut employer, de quelle manière il faut les monter,
fait lui-même plusieurs courses à la mine, enfin m'envoie un ouvrier, Vallat, pour monter
des machines à lui et agglomérer nos charbons.

Au bout d'un an, tous reconnaissent avec moi que l'œuvre est difficile et qu'il vaut
mieux acheter une machine ayant reçu une sanction pratique ; mais nous avions dépensé
inutilement près de 10,000 fr.

Ne trouvant pas d'entrepreneurs, poussés par l'obligation de construire nous-mêmes notre
usine, nous étudions le système le mieux approprié aux conditions de nos finances et de nos
charbons. Mais toujours convaincu de tout ce que cette entreprise avait d'aléatoire, je ne
veux pas en prendre seul la responsabilité et je demande au conseil d'administration de
m'adjoindre deux actionnaires pour aller faire les essais et prendre une décision (1).
MMr Couet et Chrétien viennent avec moi à Alais ; nous y essayons ensemble nos charbons
au point de vue de l'agglomération comme à celui de la combustibilité, et ces Messieurs, for-
mant le conseil d'administration, proposent à l'assemblée générale du 8 juin 1865 la construction d'une usine. Tout le monde y adhère, et M. Fontaine lui-même m'écrit le 30 mai
1865 :

---

(1) Voir délibération du conseil en date du 15 mai 1865.

« Je vois avec plaisir, *ce dont je ne doutais pas*, que les essais d'agglomération de nos char-
« bons avaient réussis. Il va sans dire que *je ne change en rien* ma manière de voir au sujet de
« l'acquisition d'une machine à agglomérer. Je donne mon assentiment tout entier. »

Un emprunt de 50,000 fr. (dans lequel j'entre pour ma bonne part), se vote, l'usine se
construit et au bout d'un an on trouve qu'elle ne donne pas les brillants résultats qu'on
avait rêvés.... Et on ne trouve rien de mieux que de crier : Haro, sur le gérant ! et d'en
faire le bouc émissaire des fautes et des imprudences de ses administrateurs.

Cependant si les charbons menus de la Prade ne donnent pas des agglomérés parfaits, les
charbons de la Chastannière au contraire se lavent très-bien et produisent de très-bons agglomérés qui sont consommés sous les chaudières des usiniers nos voisins. Je m'empresse
alors, à la réunion de décembre 1866, de proposer le fonçage d'un puits à la Chastannière
qui aura le double résultat de nous procurer des charbons d'une qualité supérieure comme
nature et comme dureté et dont les menus s'agglomèrent parfaitement. Ma proposition est
rejetée. Cette proposition, je la renouvelle en octobre 1867, et la fait suivre d'une proposition d'amodiation dans laquelle le fonçage de ce puits deviendra une obligation. On y répond
par la révocation du gérant et par la licitation.

Je laisse à chacun le soin d'apprécier la nature, la cause et le but de pareilles déterminations.
Parmi les échos des clabaudages qui sont arrivés jusqu'à mes oreilles, il en est un que je
puis réfuter péremptoirement.

M. Chabalier, disent mes adversaires, nous a acheté pour 13,000 fr. de brai à la
fois.

A l'époque de cette acquisition, M. Chrétien était chez moi et il écrivit à M. Couet la
lettre dont voici un extrait :

« Il faut vous dire que le brai ne s'achète que par quantité considérable ; les 150 tonnes que
« nous demandions ne fixaient par l'attention des vendeurs, et sans la recommandation toute
« particulière dont Chabalier était muni de la part de M. Chalmeton, nous n'aurions pas pu ob-
« tenir une vente de moins de 200 tonnes, ce qui est le chargement du plus petit navire.

« Je le crois fermement, nous serons dans la douce nécessité d'agglomérer toute l'année et
« peut-être dirons-nous dans quelque temps que nous avons *une machine trop petite.* » *(Lettre
de Chrétien à Couet, 29 décembre 1865.)*

C'était M. Chrétien lui-même qui avait fait le voyage de Marseille pour aller acheter
ces brais.

Ce passif, qui parait vous effrayer, c'est donc vous et vous seul qui l'avez créé chaque
jour, et souvent contre mes résistances. Mais en êtes-vous sérieusement étonnés ?
Voici une lettre que M. Chrétien m'écrit le 25 juillet 1865. On y lit :

« Je comprends combien sont impérieuses les nécessités de dépenser dans une entreprise pa-
« reille ; il parait que, d'après votre lettre, nous sommes encore destinés à dépenser longtemps
« sans récolter. Le plus grand malheur d'une exploitation, c'est de la commencer sans un ca-
« pital suffisant. »

Qu'a donc de si redoutable ce passif, et combien d'affaires industrielles seraient heureuses de posséder une situation aussi équilibrée.

Au 10 septembre 1863, vous achetiez 410,000 fr. environ votre concession, comprenant un actif en matériel ou immeubles évalué par vous-mêmes à environ 80,000 fr. Le passif était nul.

Au 30 septembre 1867, votre passif s'élève à 80,597 fr. 88 c., mais vos comptes de matériel ou d'immeubles se portent à 201,285 francs qui forment l'actif.

Vos 80,597 fr. ont servi à payer une usine à agglomérer construite hier et qui a coûté 45,813 fr.; vous avez acheté 12,718 fr. de brai, qui sont dans vos magasins; vous possédez 7,817 fr. de créances actives, et enfin 30,000 fr. environ de houille sur le carreau de la mine; en tout 96,348 fr. d'actif qui ne se trouvait pas à l'inventaire du 10 septembre 1863.

Une panique qui s'élève sur une telle situation n'est pas sérieuse et cache évidemment une arrière-pensée; et la preuve je la trouve dans votre dernière délibération que vous n'avez pas hésité à dresser, quoiqu'elle vous créât une dette de 30,000 fr.

Je la trouve encore dans ces mots menaçants que j'extrais d'une lettre de M. Chrétien, du 29 mai 1866.

« M. Couet n'a pas envoyé sa procuration à M. de Beaufort, c'est pourquoi vous n'avez pas à « craindre ses tracasseries; cependant, il faut vous attendre à une lutte quelconque tôt ou tard; « si l'année prochaine nous n'avons pas un dividende quelconque. »

Et cette pensée, émise dans sa lettre du 11 octobre 1866 :

« Le meilleur gérant donne beau jeu à ses ennemis, s'il ne donne pas de bénéfices, »

Ne peint-elle pas parfaitement les dispositions de chacun ?

Dirai-je, en terminant, les entraves de toute nature apportées à ma gestion par ceux-là même qui devaient la protéger (1) : les résistances de mes ouvriers mécontents surexités, la cupidité

---

(1) Il serait trop long de citer toutes les preuves et les lettres à l'appui; je me contenterai de relater quelques extraits de lettres.

« Dans tout ce que dit M. de Beaufort (contre vous) il n'y a rien de sérieux et près de moi il ne fait de tort « qu'à lui. Tout ce qu'il dit est tellement stupide que cela ne vaudrait même pas la peine de répondre, si tous les « actionnaires pouvaient voir par eux-mêmes et réfléchir à ce qui s'est fait depuis l'année dernière. Mais il n'en « est pas ainsi, toutes ces assertions vagues et sans fondements ont quelquefois plus de prise sur les gens qui ne « veulent pas se donner la peine de réfléchir que n'auraient de bonnes raisons. Il est évident que les dires de « M. de Beaufort sont en vue de vous nuire personnellement. *(Lettre de Chrétien, 16 juin 1866).*

« Cet homme (Beaufort) soit par vengeance, soit parce qu'il espère se faire une position ou seulement quelques « bénéfices dans la compagnie de Prades, nous ennuie depuis plusieurs années. Il critique sans cesse à tort « et à travers, sans raison, et n'a rien à nous proposer qui puisse remédier au prétendu mal qui existe. « Je suis bien décidé pour mon compte à faire justice une dernière fois de ces clabaudages ennuyeux; « mais pour arriver à cela, il faut agir prudemment. » *(Lettre de Chrétien du 2 octobre 1866).*

« J'avais reçu, quelques jours avant la lettre que vous m'avez adressée, la circulaire Bâc-Beaufort à laquelle je me « suis, je vous l'assure, fort peu arrêté. J'ai considéré et considère encore ce factum comme une suite de ses « piailleries. Il faut le laisser faire et dire; seulement, il se trompe étrangement s'il s'imagine que nous allons aller « les uns et les autres à Aubenas écouter ses sornettes. Pour mon compte, du moins, il ne m'y reprendra pas de « sitôt. En voilà du reste assez sur le compte de ce personnage. » *(Lettre de Fontaine du 6 octobre 1866).*

des propriétaires de la surface enflammés par des promesses fallacieuses, les employés eux-mêmes mis en défiance contre leur chef?

Parlerai-je de ces malheureux ouvriers (1) pour lesquels je sollicitais chaque jour le payement de leur salaire, dont je partageais les souffrances et supportais les plaintes, et auxquels j'avais distribué au 25 novembre plus de 6,000 fr. de mes honoraires, sans aucun intérêt, tandis que vous, qui parlez de vos millions à tout venant et qui n'avez pas un centime dans notre caisse privé de l'intérêt légal, n'avez jamais mis à ma disposition ce fonds de roulement de 10,000 fr. que l'article 45 des statuts sociaux vous obligeait de fournir au gérant.

Et maintenant, ne pourai-je pas vous le dire, à vous qui, cachés derrière la coulisse, en connaissez seuls les dessous :

Votre délibération du 25 novembre n'est qu'une comédie destinée à atteindre votre but. *On ne discrédite pas bénévolement une valeur dont on veut se défaire.*

Vous avez prononcé la licitation pour faire croire à une ruine, et tâcher de légitimer vos prétendus griefs contre l'ingénieur et votre résistance à lui payer votre dette ; mais vous n'êtes pas assez aveugles pour n'avoir pas vu clair dans votre situation.

La proposition d'amodiation vous a prouvé mieux qu'aucun autre argument qu'un puits à la Chastannière allait certainement amener des bénéfices. Ce puits, vous le creuserez.

Mieux que tout autre, vous savez que la concession de Jaujac n'a plus que quelques jours à vous faire concurence, et les livres vous démontrent péremptoirement que des dividendes vous seront assurés.

Vous profitez du moment propice et unique pour opérer votre coup d'état, pour vous défaire du gérant et des obligations qui vous liaient à lui, et pour le remplacer par qui? par l'un de vous sans doute qui a besoin de cette position.

Vous vendrez, mais pour racheter vous-mêmes. Et pour consommer ces projets, l'ingénieur était le premier obstacle à briser.

L'avenir nous apprendra si je dois être la seule victime de votre convoitise, et si ceux qui vous servent aujourd'hui d'instruments ou de complices ne seront pas un jour les martyrs de leur crédulité.

En 1862 nous cherchions des capitaux pour pousser avec nous sur les enchères.... les mines de Prades allaient se vendre.... M. Chrétien, moyennant une prime de 40 actions, se chargea d'en trouver.

Il engagea plusieurs de ses amis à entrer dans l'opération, entre autres M. Couet. Ces messieurs vinrent étudier l'affaire avec un ingénieur de leurs amis, M. Fontaine, et la traitèrent ; ils eurent pour 400,000 fr. environ ce qu'ils s'étaient engagés à pousser jusqu'à 600,000 fr.

En achetant cette mine, ils connaissaient parfaitement ses antécédents et sa non-valeur

(1) M. Chrétien n'a-t-il pas eu l'imprudence de répondre le 26 janvier aux réclamations des ouvriers que cette dette ne regardait pas la compagnie, mais le gérant; qu'elle l'avait ignorée jusqu'à ce jour et avait adressé à M. Chabalier plus de 50,000 fr. pour les payer qui avaient passé il ne savait où.

relative, puisqu'ils l'ont consignée dans le traité qui les liaient avec nous: *ces mines* (y est-il expliqué), *ne prospérant pas;* mais ils avaient aussi reconnu avec leur ingénieur, M. Fontaine, qu'il serait possible de profiter des éléments de prospérité et de développement qu'elles contenaient, de les relever par quelques améliorations, puis de les revendre avec un gros bénéfice.

L'un d'eux m'écrit le 14 septembre 1863, trois jours après l'adjudication :

« Quel délai m'accorderiez-vous, pour la vente de nos mines, au prix de 760,000 fr.? Vous « resterez ingénieur aux mêmes conditions. » *(Lettre de Boujanquez,* 14 *septembre* 1863.)

Parmi ces améliorations, la construction d'une usine à agglomérer était le rêve doré de M. Chrétien ; il se précipite tête baissée dans sa réalisation. On sait déjà tous les efforts que j'ai fait pour modérer ses élans. Il n'était pas le premier auquel j'avais été obligé de résister dans cette voie là. J'avais refusé nettement ma coopération à l'ancienne compagnie et la nouvelle veut me faire aujourd'hui victime des concessions qu'elle m'a forcé de lui faire.

La concession de Jaujac vient, à cette époque, jeter ses produits sur notre marché où l'élévation des prix pouvait seule nous permettre d'espérer des bénéfices, et cède à tout prix ses charbons menus dont les conditions d'extraction sont des plus économiques.

Les dépenses de l'usine à agglomérer durent donc être couvertes par un emprunt, c'est M. Couet qui prêta 50,000 fr.

On sait que l'agglomération des charbons menus de la Prade n'a pas donnée encore les résultats espérés. Les actionnaires qui habitent la Mayenne, Paris, Nîmes, ne voulant et ne pouvant étudier les conditions sérieuses et les raisons qui dominaient notre situation, furent effrayés de ne pas toucher de dividendes là où ils avaient espéré réaliser un lucre immense et rapide. Un actionnaire se chargea bientôt de jeter la panique dans des esprits où ne se manifestaient encore que quelques regrets.

M. Chrétien ne l'indique-t-il pas dans sa lettre du 2 octobre 1866.

Jusqu'en 1866 les menées de cet actionnaire et ses accusations contre la gestion de l'ingénieur s'étaient brisées contre la vérité.

Il change alors de tactique, et, pour frapper un grand coup, il ébranle cet espoir suprême qui soutenait encore chaque actionnaire : la confiance que leurs mines avaient une valeur réelle et que tôt ou tard elles les indemniseraient soit par les bénéfices, soit par une bonne vente.

M. Fontaine m'écrit, le 26 novembre 1866 :

« Ainsi que je vous l'avais marqué dans ma lettre, j'ai écrit à M. Couet. Ce dernier me répon- « dit tout simplement ceci : « Ne tenez aucun compte de la convocation pour le 6 novembre, et « tenez vous prêt à venir avec nous le 20 novembre. *Il y a péril en la demeure.* »

« A la réception de cette lettre, j'écrivis de nouveau à M. Couet pour lui demander explication « de ces mots : « *péril en la demeure.* » M. Couet était absent et ne me répondit que fort long- « temps après ce qui suit ou à peu près : « Mon cher ami, il faut absolument que vous veniez avec

« moi et M. Chrétien à Prades. Si vous ne pouvez venir en novembre, fixez l'époque où vous
« serez libre en décembre.

« Voici ce dont M. de Beaufort accuse Chabalier : Il prétend que *nous avons été joués dans*
« *l'acquisition* et que nous continuons à l'être. Voilà l'explication de ces mots : *péril en la de-*
« *meure*. »

MM. Chrétien et Couet arrivent le 16 décembre sans M. Fontaine. Croira-t-on que cette
grave accusation qui les avait amenés si rapidement ne me fut produite par personne? qu'on
ne me mit pas à même de me justifier et qu'on la laissa couver dans le cœur de chaque inté-
ressé pour lui faire produire l'explosion utile en temps opportun?

La machine à agglomérer n'avait pas dit son dernier mot en décembre 1866. Les
briquettes fabriquées avec le charbon de la Chastannière étaient excellentes ; une proposition de vente, qui paraissait sérieuse et avantageuse, ralentit l'exécution des mesures qui
devaient éclater un an après.

Mais tout prouve que ce jour là fut concertée, entre les meneurs, une résolution qui
devait avoir pour but de changer une opération qu'ils croyaient perdue en une bonne
affaire pour eux.

Déjà les batteries se dressent, c'est au mois de mai que la liquidation, dont le mot est
prononcé, sera votée ; on ajourne l'ingénieur-gérant à cette époque, pour qu'il ait encore le
temps *d'obtenir le plus grand rendement de la machine à agglomérer ;* on le blâme d'avoir
vendu 1,700 tonnes de menu à 5 fr., pour faire concurrence à la concession de Jaujac, et
on l'engage à maintenir les prix de 15 fr. et à laisser s'épuiser la concession rivale (1) ; puis
on lui refuse toute espèce de fonds, soit pour foncer le puits central ou un puits à la
Chastannière, soit même pour payer ses ouvriers.

J'ai dit qu'une combinaison heureuse pour leurs intérêts fut, à partir de ce jour, arrêtée
entre ces messieurs. Il ne s'agit plus que de gagner les actionnaires qui pourraient être
dissidents. Alors commença cette entreprise qui n'offrait pas grandes difficultés.

N'était-on pas sûr du concours de MM. Bac et de Beaufort, dès qu'il s'agissait de
s'attaquer au gérant ? Qu'on se souvienne de la lettre de M. Chrétien du 2 octobre 186 .

Quant aux actionnaires étrangers, ils étaient tous des amis et parents, fils, frères, beau-
frères ou gendres de MM. Couet et Chrétien ; jamais ils n'avaient assisté aux assemblées
générales et ces deux messieurs étaient toujours leurs mandataires.

Restaient M. Durand et M. Fontaine qui, eux, n'étaient ignorants en rien, et de la valeur
réelle de l'affaire, et des actes de ma gestion. On ne laisse pas écouler un long temps, après
la réunion de décembre 1866, pour manœuvrer sur l'esprit de ces deux messieurs.

Voici ce que m'écrivait M. Fontaine le 27 février 1867.

« Mon amour propre aussi à moi, dit-il, est engagé dans cette affaire, et, en effet, j'ai
« été dans cela l'intermédiaire entre ces messieurs de la Mayenne et vous autres; or, pour

---

(1) Il existe trace de ces instructions dans l'état trimestriel adressé à M. Couet le 1er mai 1867.

« les premiers, je passe tout uniment pour un crétin ou bien pour m'être mis d'accord avec
« vous. »

Voilà la fibre qu'on a fait vibrer et le moyen par lequel on a obtenu sa coopération silen-
cieuse ; car, je dois le dire et le croire, malgré les affirmations de mes ennemis, M. Fontaine
s'est toujours assez respecté pour n'avoir jamais émis sur ma gestion, un blâme qui ne se
trouvait ni dans sa pensée, ni dans ses lettres, ni dans les opinions officielles qu'il avait émises
dans les délibérations.

Quant à M. Durand, l'entreprise devait paraître encore plus difficile. N'était-il pas mon
parent ! Ne m'a-t-il pas laissé croire à son amitié jusqu'au dernier jour. Mais les efforts
ont été persistants et peut-être menaçants. Dès le 4 février 1867, à peine un mois après
l'assemblée de décembre, M. Couet lui écrit :

« D'après ce que vous m'avez dit à Aubenas, vous êtes comme moi très-ennuyé de ne pas
« avoir de résultat dans notre opération. Vous paraissez comme moi très-désireux d'avoir *une*
« *solution* ; je viens donc vous prier de me donner votre avis sur ce qui se passe là bas, et sur
« ce qu'il faut faire ; vos intérêts et les miens sont communs et vous savez d'avance que je ne
« voudrais rien faire à votre détriment. » ....
....

« Si nos mines ont beaucoup d'avenir, comme on le dit, il faut attendre peut être un temps
« assez long et surtout faire de grandes dépenses, et vous savez que tous nous n'avons pas le
« moyen ou la volonté de faire de nouveaux sacrifices. »

Quelques jours après, le 17 février 1867, il devient près de M. Durand plus explicite :

« Depuis bien longtemps (dit-il) j'ai une mauvaise opinion de nos mines. Depuis notre dernière
« entrevue elle n'a fait qu'augmenter. Je suis donc d'avis de les vendre le plus tôt possible ; car
« si nous attendons elles seront vendues *par licitation*. »

Or, il était dû à M. Couet, depuis moins d'un an, 50,000 fr.

On le voit, aucune récrimination contre le gérant, mais seulement contre les mines et
l'opération faite en 1863.

Que s'est-il passé depuis entre ces messieurs et M. Durand ? J'ignore tout, sinon que
M. Durand m'a avoué naïvement que ses intérêts avaient exigé qu'il fît cause commune avec
eux, qu'il n'a pas hésité à s'unir à MM. de Beaufort et Chrétien comme liquidateurs, et
que sa signature apparaît au bas de cette délibération regrettable du 25 novembre.

Je laisse à la conscience de M. Durand et à l'opinion publique le soin de caractériser et
de qualifier cet oubli des sentiments de la famille et ce mépris des engagements souscrits.

On le voit, de nos actionnaires, les uns n'ont cédé qu'à une panique adroitement semée ;
les autres à leur rancune contre l'ingénieur-gérant ; quelques-uns à l'amour propre ou
à des promesses trompeuses sans doute ;

Tous à l'appât qu'on leur a fait luire de les exonérer d'une dette de 30,000 fr.

J'en appelle à l'avenir pour débrouiller ces intérêts unis et mettre en pleine lumière le
but auquel on veut parvenir.

Je termine en citant sur nos mines l'avis d'un homme distingué, que nous avons tous vus à la tête de l'administration minière de notre département, M. Baudinot, ingénieur des mines. Il est inséré dans un rapport d'enquête publié le 6 mai 1861 :

« Les anthracites de Prades, aujourd'hui presque exclusivement employés sur place à la
« fabrication de la chaux, gagneraient surtout à l'ouverture d'un chemin de fer qui leur per-
« mettrait d'arriver sur les bords du Rhône.

« Un chemin d'Alais à Aubenas pourrait cependant développer leur production si l'on parvient
« à utiliser les menus en les agglomérant. Le bassin est assez étendu pour suffire à tous les
« débouchés qui pourraient lui être offert. Le groupe des couches de la Chastannière, qui a été
« l'objet d'une ancienne exploitation, donnerait une houille moins sèche que celle de la Prade, et
« propre à des usages plus variés. »

Ma manière de voir était conforme à celle de cet ingénieur, et le seul regret que j'emporte, c'est de n'avoir pu exhumer ce bassin de la Chastannière qui aurait été une source de bénéfices pour la compagnie et un élément de prospérité pour le pays.

10 avril 1868.

CHABALIER.

P. S. — Au moment de livrer à l'impression ce mémoire, il me revient de tous côtés l'écho d'ignominieuses calomnies que l'on cherche à répandre dans le public contre moi et quelques-uns de mes collaborateurs à l'exploitation de la mine de Prades.

Ces bruits méphitiques et stupides m'inspirent trop de dégoût pour les relever et m'en défendre.

Qu'il me suffise d'être convaincu qu'ils seront toujours repoussés par tout homme d'un peu de sens et de cœur, et qu'ils retomberont sur leurs auteurs.

Pour moi, j'appelle de tous mes vœux la sentence des juges auxquels j'en ai appelé, et que mes adversaires ont juré d'éloigner avec toutes les ressources d'une procédure adroite et implacable.

Le 6 décembre passé, MM. Chrétien et de Beaufort s'engagèrent d'honneur, dans le cabinet de M. le Président du tribunal de Largentière, à m'assigner dans les huit jours en non paiement des 30,000 francs promis et en demande de 150,000 francs de dommages intérêt pour mauvaise gestion.

Ils poussèrent l'imprudence jusqu'à lire une assignation toute rédigée.

Ce n'était qu'une comédie dont ils espéraient faire un moyen pour faire accueillir la demande qu'ils portaient en référé.

J'ai attendu vainement pendant six semaines cette assignation qui devait m'éviter des lenteurs et des avances de frais.

Mais en face de leur silence, que j'avais prévu, j'ai dû me porter demandeur dans le courant de janvier, et assigner tous les actionnaires en paiement des 30,000 francs et des appointements qui me restent dûs, en radiation de leur délibération calomnieuse du 25 novembre, et en 50,000 francs de dommages-intérêts.

Au lieu de se présenter devant les juges que je saisissais de ma demande, mes adversaires se sont dérobés et un jugement de réassignation me force à supporter les lenteurs, les frais, les voyages et les déboires dont ils ont juré de m'abreuver. Mais qu'ils sachent bien que mon honneur est engagé dans la lutte et que rien ne pourra affaiblir mon courage et abattre mes forces avant d'heure.

L'opinion publique et mes juges me vengeront, j'en ai la ferme confiance ; à chaque heure mes suppositions se réalisent ; depuis deux mois à peine j'ai quitté la mine de Prades et M. Chrétien est installé dans toutes les attributions, les prérogatives et les jouissances du gérant.

L'entente entre Jaujac et Prades s'est consommée en un jour, et vous vendez aujourd'hui 17 fr. la tonne des charbons que la concurrence m'a obligé à céder à 5 fr., tandis que quatre ans d'efforts et de luttes n'avaient pu arriver, sous ma direction, à amener cette condition de viabilité pour les deux Compagnies Mieux que personne mes adversaires connaissent la cause de ce long insuccès.

Enfin, une assemblée générale vient de donner aux nouveaux administrateurs 40,000 fr. qui ont sans doute pour objet de payer les ouvriers et d'exécuter des travaux que j'ai vainement sollicités pendant cinq ans.

La vente qui doit couronner l'opération n'est certainement pas éloignée.

Et mes prévisions ne paraîtront à personne injustes ou invraisemblables.

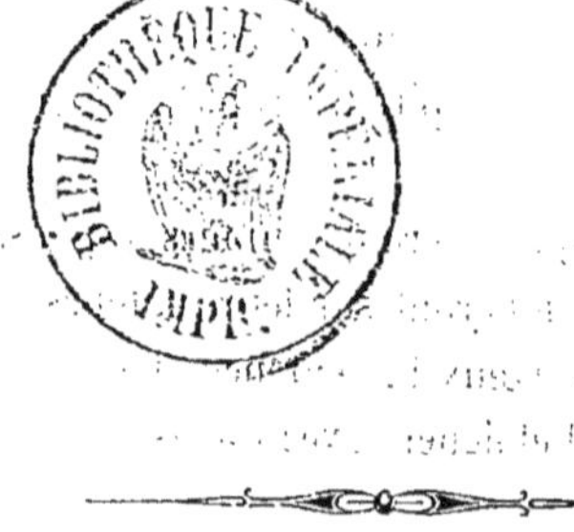